뒤통수

어깨

등

팔꿈치

겨드랑이

허리

엉덩이

넓적다리

종아리

발목

발뒤꿈치

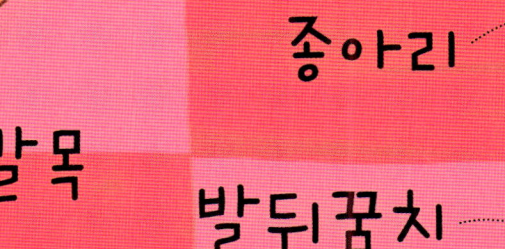

신비한 우리 몸

우리 몸의 겉과 속에는 무엇이 있을까요? 신비한 우리 몸이 하는 일을 알아볼까요?

머리카락 뇌를 따뜻하게 보호해 주어요.

뇌 생각하고, 말하고, 기억하고, 우리 몸을 움직이게 하는 일을 해요.

귀 소리를 들어요.

허파 코나 입으로 숨을 들이쉬면 산소는 온몸으로 보내고, 이산화탄소는 몸 밖으로 내보내요.

심장 깨끗한 피를 우리 몸 전체에 내보내는 일을 해요.

위 꿈틀꿈틀 움직여 입에서 넘긴 음식을 죽처럼 만들어요.

눈썹 땀이나 빗물을 막고 눈으로 들어가지 못하게 하고, 뜨거운 햇볕을 막아 주어요.

눈 물체를 보는 일을 해요.

갈비뼈 심장, 허파, 간 등을 둘러싸 보호하는 일을 해요.

근육 뼈를 잡아당겨 우리 몸이 움직이게 해요.

4

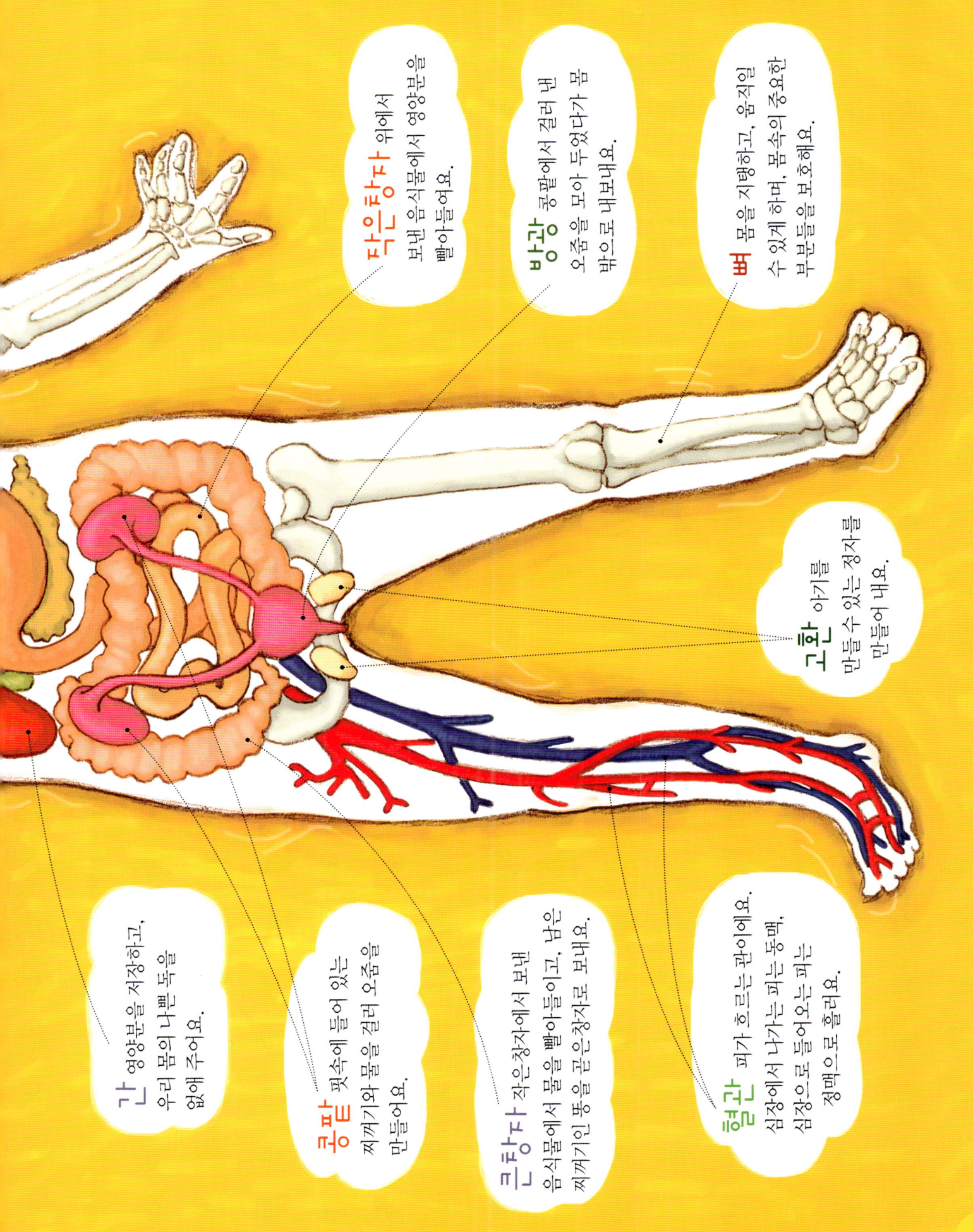

뼈

뼈는 우리 몸을 똑바로 서게 해 주어요. 단단한 뼈가 없다면 오징어나 낙지처럼 몸이 흐물흐물할 거예요.

관절

관절은 뼈와 뼈가 서로 맞닿아 연결되어 있는 곳이에요. 관절이 있어서 허리를 구부릴 수 있고, 팔다리를 굽혔다 폈다 할 수 있고, 손가락을 쥐었다 폈다 할 수 있어요. 관절이 없다면 몸이 뻣뻣해서 자유롭게 움직일 수 없어요.

인대 인대가 두 뼈를 단단히 붙잡고 있어서 떨어지지 않아요.

연골 끝에 두 뼈의 사이에 있어서 부드럽게 움직여요.

뼛속

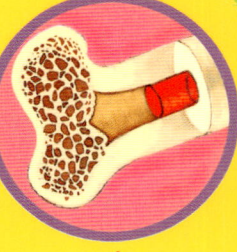

머리뼈(두개골) 뇌를 보호하고 얼굴을 받쳐 주어요.

갈비뼈(늑골) 왼쪽과 오른쪽 열두 쌍이 있어요. 등뼈와 이어져 있어서 심장, 허파, 간 등을 둘러싸서 보호해 주어요.

손뼈 물건을 잡을 수 있게 해 주는 뼈예요. 27개의 뼈로 이루어져 있어요.

위팔뼈(상완골) 어깨와 팔꿈치 사이에 있는 긴 뼈예요.

가슴뼈(흉골) 가슴 한복판에 세로로 된 뼈예요.

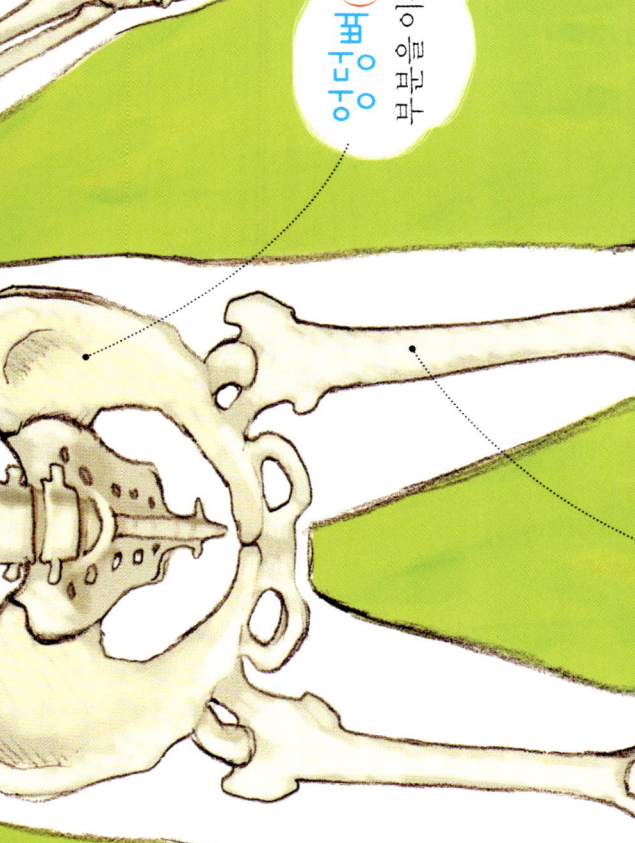

뼈는 모두 몇 개일까요?

어른은 206개, 아기는 300여 개 돼요. 아기는 자라면서 여러 조각으로 나뉘어 있던 몇몇 뼈가 하나로 합쳐져 스물다섯 살쯤 되면 206개의 뼈를 가지게 돼요.

내 뼈 더 많아요.

엉덩뼈(골반) 몸통의 아래쪽 부분을 이루는 편평한 뼈예요.

넙다리뼈(대퇴골) 우리 몸에서 가장 길고 큰 뼈예요.

키는 어떻게 자라나요?

키가 자라는 것은 뼈가 자라기 때문이에요. 팔, 척추, 무릎 등과 같은 긴 뼈 끝에는 성장판이 있는데, 이 성장판이 자라기 때문에 키가 크는 거예요.

등뼈(척추) 머리뼈 아래에서 엉덩이까지 26개의 뼈가 이어진 긴 뼈라고 척추라고 하고, 척추 하나하나의 뼈를 척추라고 해요. 척추가 없으면 몸을 움직일 수 없어요.

머리뼈(정골) 중아리 안쪽에 있는 뼈로, 중아리 앞쪽에서 날카로운 모서리가 만져져요.

발뼈 걷고, 달릴 수 있게 해 주는 뼈예요. 26개의 뼈로 이루어져 있어요.

7

근육

우리 몸의 살이 바로 근육이에요.
근육은 뼈를 둘러싸고 있어요.
근육이 오그라들면서 뼈를 당기면
몸이 움직인답니다.

달리기를 하면 왜 다리가 아파요?

달리기를 하면 다리 근육에 산소가 부족해져요.
그러면 젖산이라는 물질이 생겨요. 젖산은 근육을
뻣뻣하게 만들기 때문에 다리가 아프게 된답니다.

근육이 움직여요

근육은 짝을 이루어 일을 해요.
그래서 한쪽 근육이 오그라들면
다른 쪽 근육은 느슨해져요.

위쪽의 근육이 오그라들면서 팔뚝을 잡아당겨요.

아래쪽 근육이 오그라들면 위쪽 근육은 느슨해져 팔이 펴져요.

이마 근육 이마를 찡그리거나 눈을 위로 치켜 뜰 때 쓰는 근육이에요.

광대 근육 윗입술과 입 꼬리를 위쪽으로 올려 웃을 때 쓰는 근육이에요.

큰가슴 근육(대흉근) 팔을 움직이거나 숨을 쉴 때 쓰는 근육이에요.

배 근육 몸을 굽히고 돌리고 숨을 쉬고, 오줌과 똥 등을 눌 때 쓰는 근육이에요.

여러 가지 근육으로 짓는 얼굴 표정

웃는 얼굴, 찡그린 얼굴, 화난 얼굴, 놀란 얼굴……. 얼굴 표정은 피부에 달라붙어 있는 얼굴 근육이 피부를 잡아당겨서 생기는 거예요.

넙다리 근육(대퇴부 근육) 넓적다리에 있는 근육이에요.

장딴지 근육(비복근) 다리를 펴는 일과 발끝 운동을 할 때 쓰는 근육이에요.

뇌

뇌는 생각하고, 말하고, 기억하는 일을 해요.
또 우리 몸 구석구석에 명령을 내려
몸을 움직이게 해요.

신경 세포

우리 몸은 신경 세포와 뇌가 주고받는 신호로 움직여요.
신경 세포는 몸 전체에 퍼져 있어요. 몸에 무슨 일이
일어나면 신경 세포는 재빨리 뇌에 전달을 해요.
전달을 받은 뇌는 어떻게 할지 결정을 해서 다시
신경 세포에 전해 준답니다.

'뉴런'이라고 부르는
신경계의 세포예요.

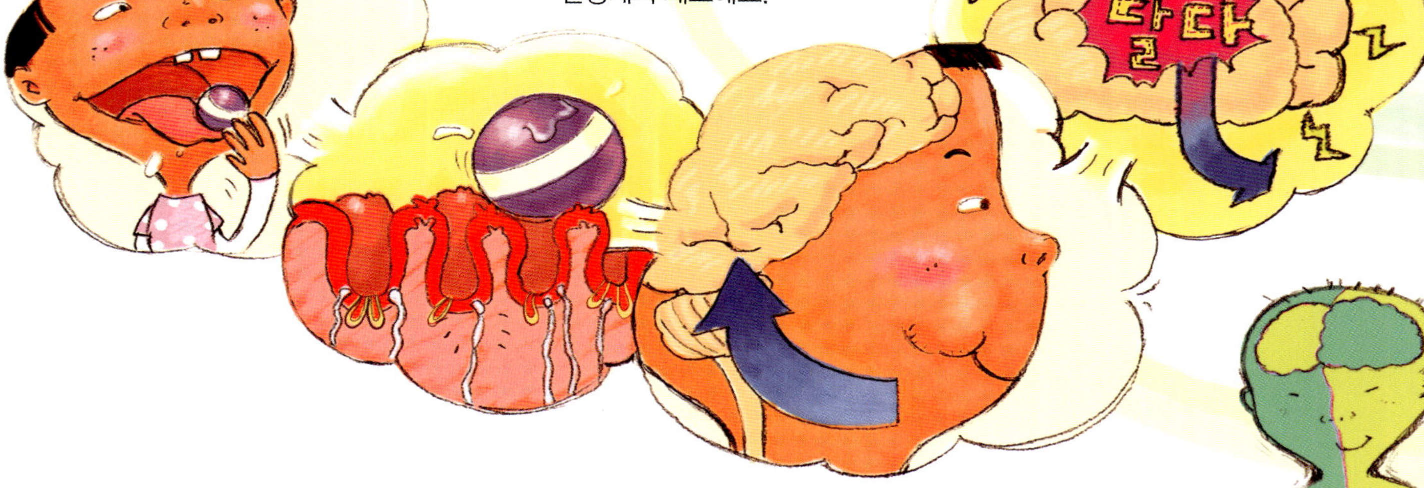

왼쪽 뇌와 오른쪽 뇌

뇌의 왼쪽 부분은 왼쪽 뇌라 하고, 뇌의 오른쪽 부분은
오른쪽 뇌라고 해요. 왼쪽 뇌는 말과 셈을 잘하도록 하는 뇌이고,
오른쪽 뇌는 스포츠, 음악, 미술과 같은 예술적인 일을 잘하도록 하는 뇌예요.

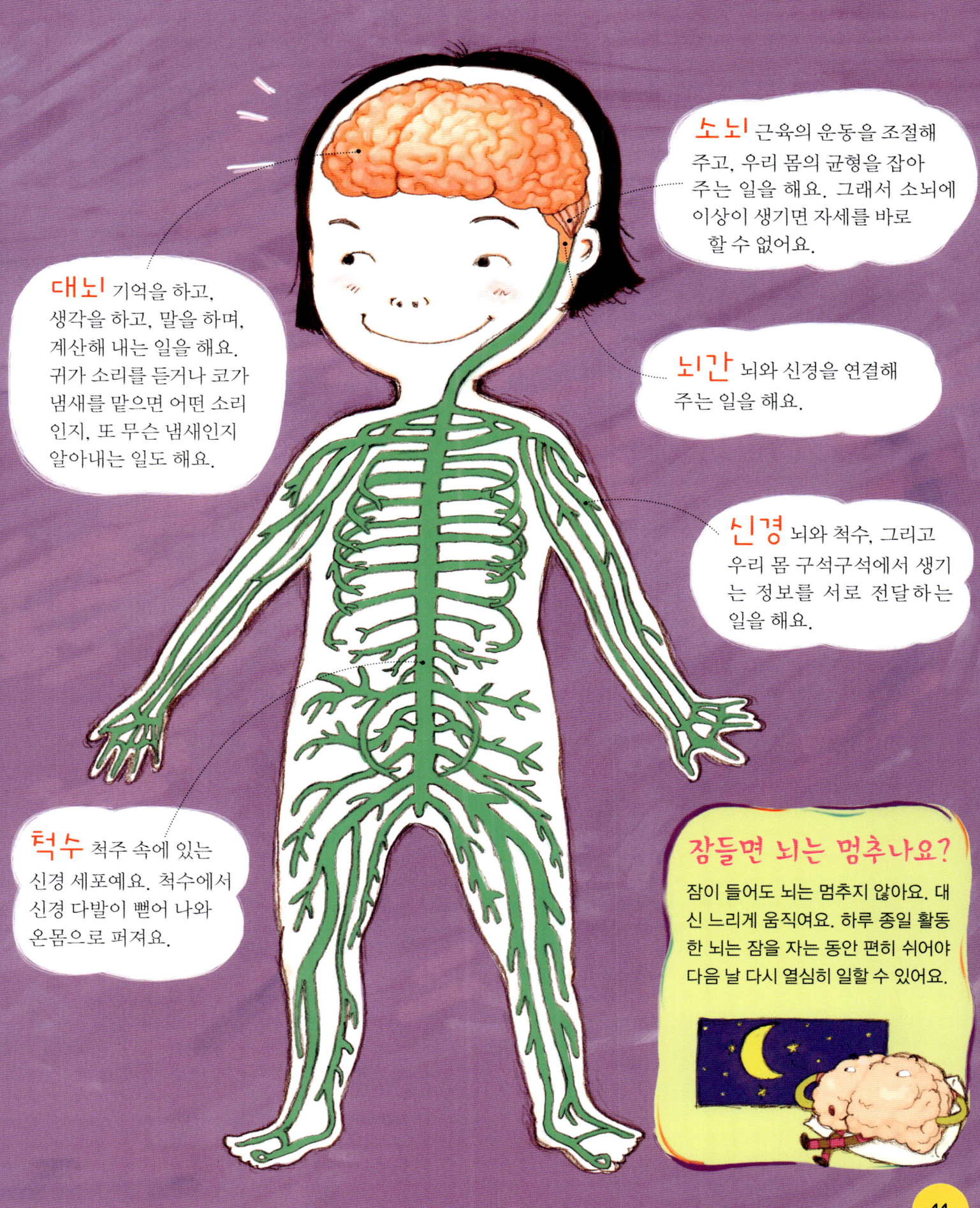

심장

왼쪽 가슴에 손을 대 보세요. 콩닥콩닥 뛰지요?
바로 심장이 일을 하고 있는 거예요.
심장은 오그라들었다 펴졌다 하면서 우리 몸에 피를 내보내요.

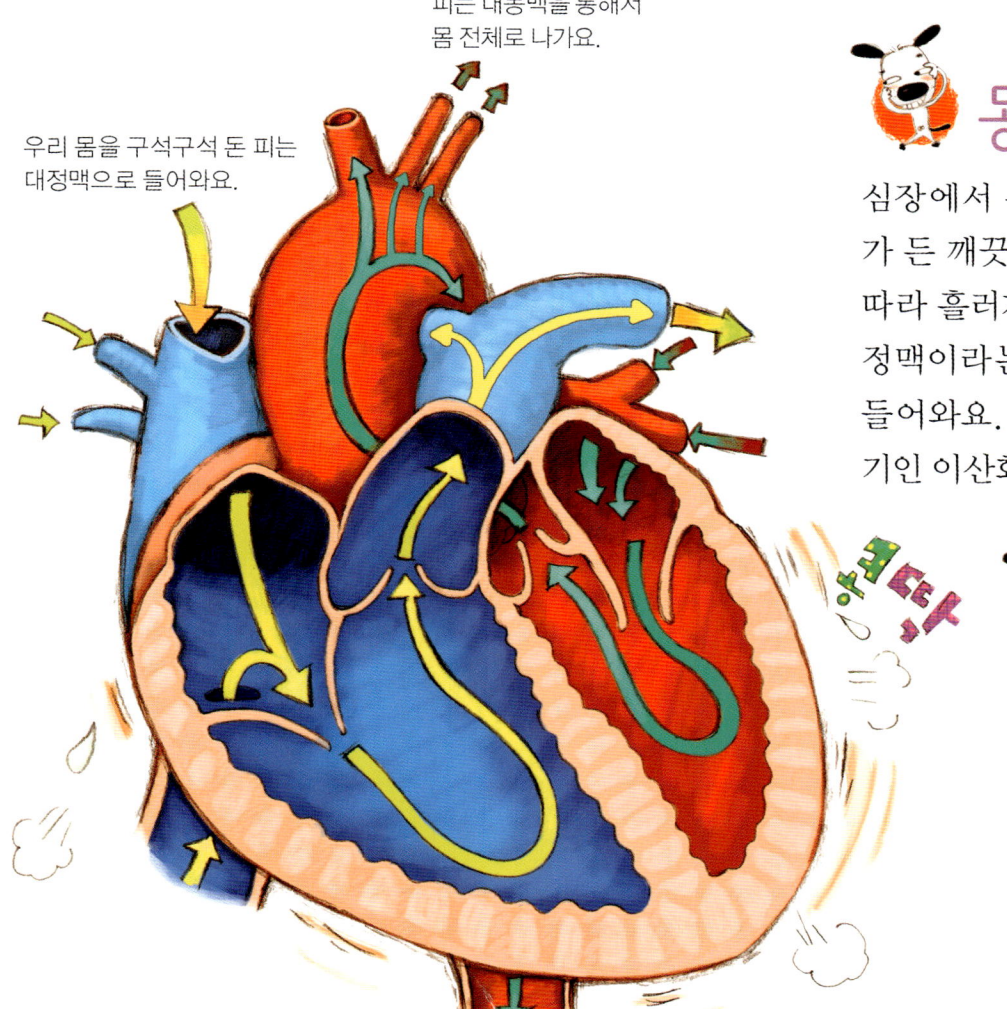

피는 대동맥을 통해서 몸 전체로 나가요.

우리 몸을 구석구석 돈 피는 대정맥으로 들어와요.

동맥과 정맥

심장에서 우리 몸으로 나가는 피는 산소가 든 깨끗한 피예요. 동맥이라는 핏줄을 따라 흘러가지요. 몸을 구석구석 돈 피는 정맥이라는 핏줄을 따라 다시 심장으로 들어와요. 심장으로 들어오는 피는 찌꺼기인 이산화탄소가 들어 있어요.

심장 판막

심장이 피를 내보낼 때는 심장에 있는 판막이 닫혀서 피가 거꾸로 흐르지 못하게 해요. 심장에서 쿵쿵쿵 소리가 나는 것은 심장이 피를 내보낼 때 판막이 닫히는 소리예요.

달리기를 하면 왜 숨이 가빠질까요?

달리기를 하면 근육에 있던 산소가 없어져요. 그러면 뇌는 산소가 담긴 피를 많이 보내라고 심장에 신호를 보내요. 신호를 받은 심장이 피를 많이 보내기 위해 더 빨리 뛰게 되면 숨이 가빠지게 된답니다.

피는 빨간색인데 핏줄은 왜 파란색이에요?

심장에서 나가는 피는 산소가 들어 있어 붉은색을 띠어요. 하지만 심장으로 들어오는 피는 이산화탄소가 들어 있어 검붉은 색을 띠어요. 그런데 핏줄이 파랗게 보이는 것은 심장으로 들어오는 검붉은 피가 피부를 통해서 보이기 때문에 그렇답니다.

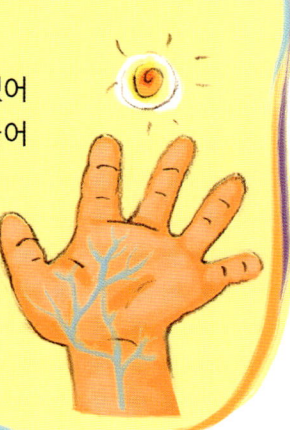

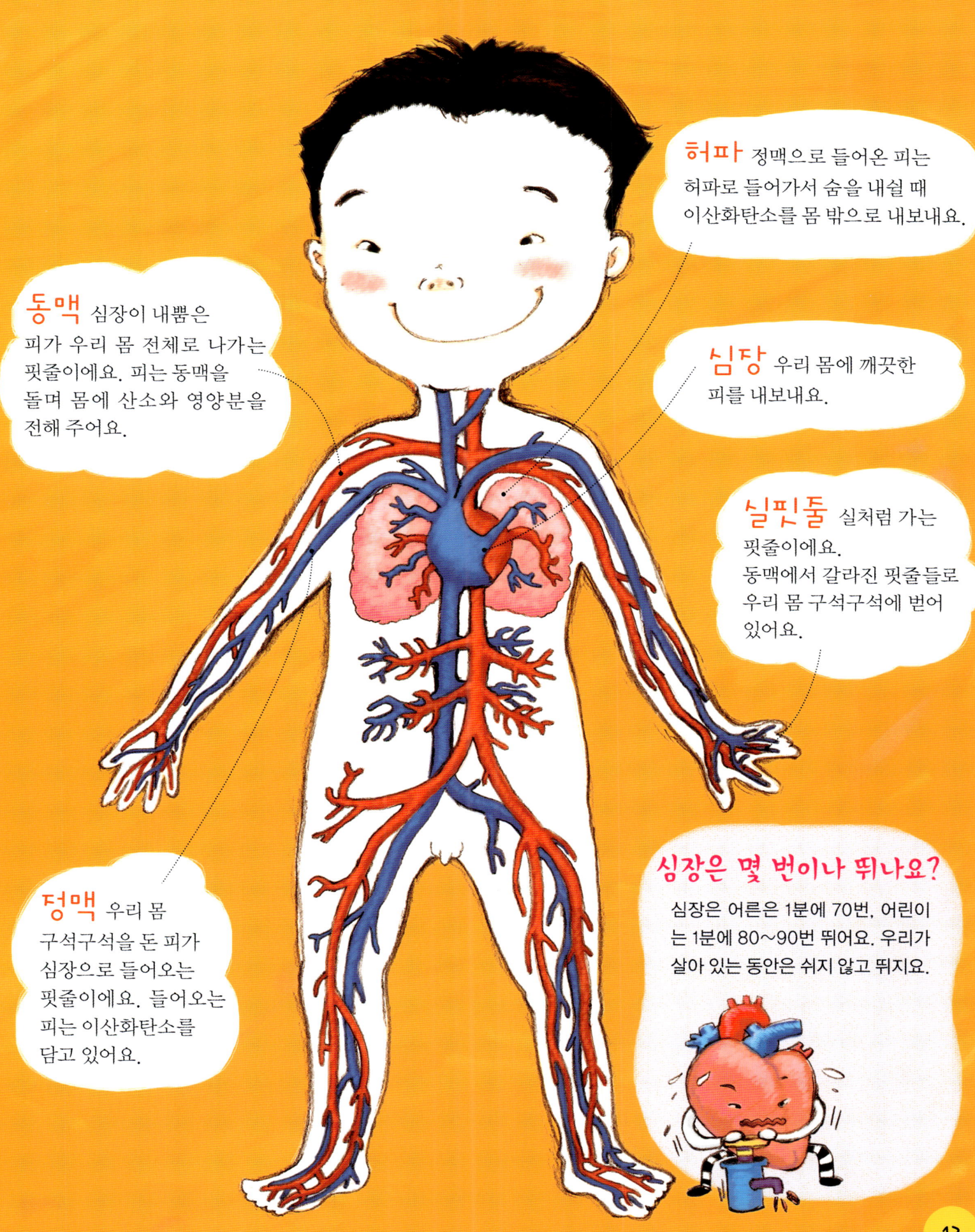

피

손에 상처가 나면 빨간 물이 나오지요? 피라고 해요. 피는 몸속에 있는 핏줄을 따라 우리 몸 구석구석을 돌아요. 피에는 산소와 영양분이 들어 있어서 우리 몸을 튼튼하게 해요.

골수 피는 골수에서 만들어져요. 골수는 척추와 머리뼈, 다리와 팔의 뼈 등 우리 몸의 큰 뼛속에 들어 있어요.

 피의 성분

피는 '혈장'이라는 노란색 액체 안에 적혈구, 백혈구, 혈소판이 떠 있는 거예요.

적혈구 적혈구는 온몸에 산소를 나르는 일을 해요. 특히 적혈구 속에 있는 헤모글로빈이 산소를 나르지요. 피가 빨간 것은 헤모글로빈의 색이 빨갛기 때문이에요.

혈소판 혈소판은 상처가 났을 때 피를 굳게 해서 딱지를 만드는 일을 해요.

백혈구 백혈구는 우리 몸 안에 있는 균을 찾아 먹어 치우는 일을 해요.

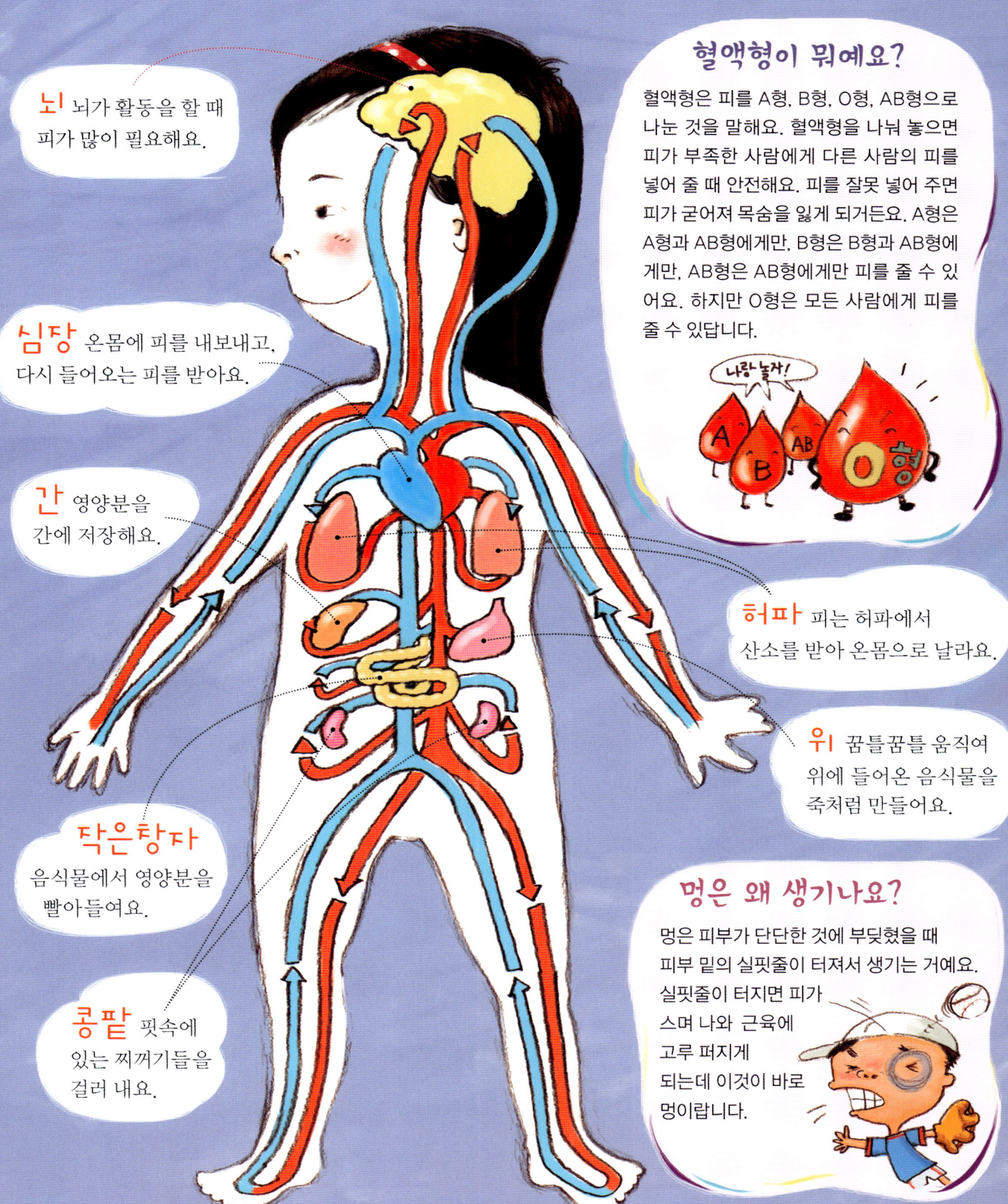

허파

허파는 숨을 들이쉬고 내쉬는 일을 해요.
입과 코로 숨을 들이쉬면 가슴 양쪽에 있는 허파로 들어가요.

후두

허파에서 나온 공기는 목구멍에 있는 후두를 통해 나와요.
후두 안에는 성대라는 한 쌍의 주름이 있어요.
목소리는 공기가 나오면서 이 성대를 진동시켜 나는 소리예요.

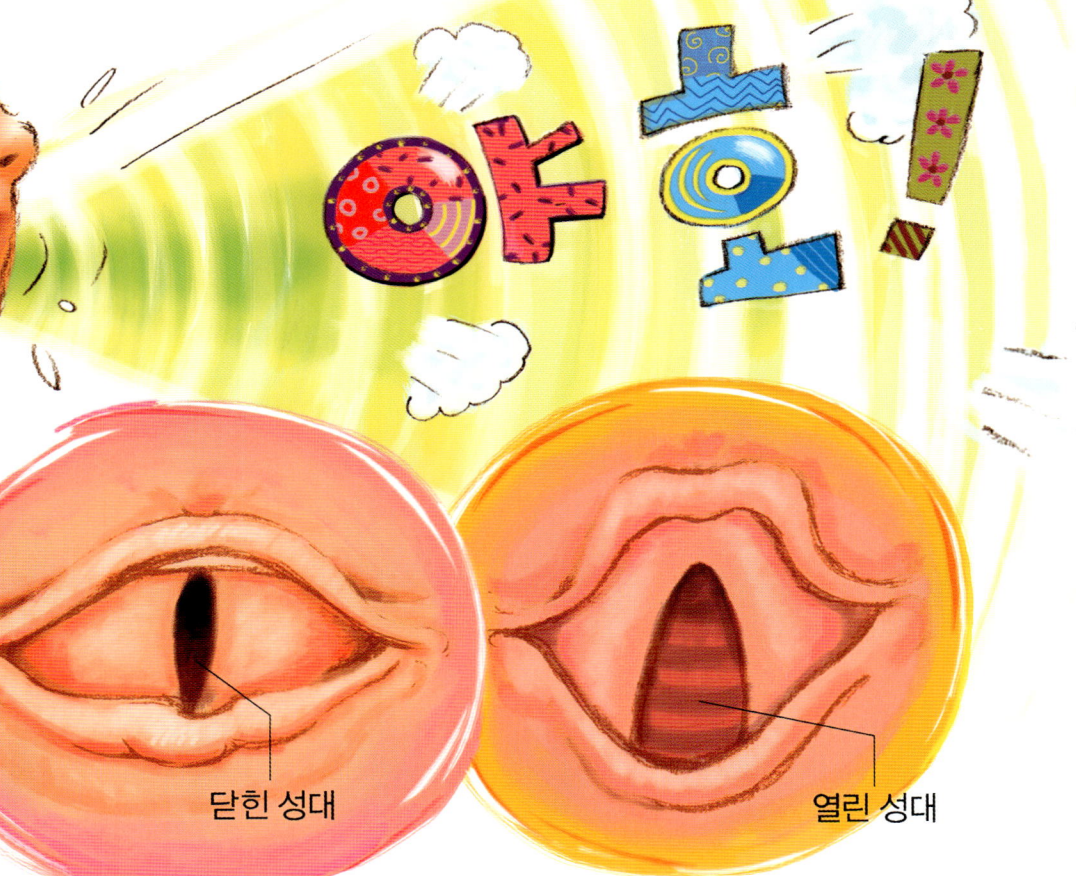

닫힌 성대   열린 성대

딸꾹질은 왜 하나요?

음식을 급하게 먹거나, 추위를 느끼면
가로막(횡격막)이 갑자기 오그라들어요.
그러면 목에 있는 성대가 닫히면서 성대로
들어오는 공기가 막혀 "딸꾹!" 하고
소리가 나게 돼요.

코와 입으로 공기를 들이마셔요.

허파꽈리
기관지 끝에는 포도송이처럼 생긴 작은 공기 주머니들이 있어요. 이것을 '허파꽈리'라고 해요. 기관을 내려온 산소는 허파꽈리에서 핏속으로 들어가요. 숨을 내쉴 때는 허파꽈리에 있던 이산화탄소가 빠져 나가요.

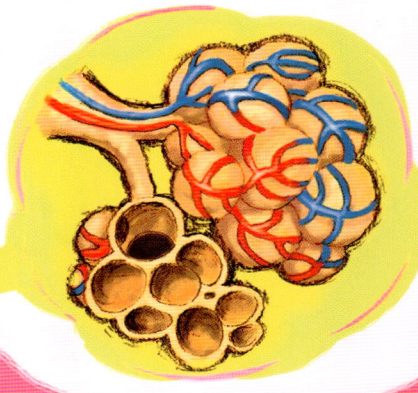

기관 들이마신 공기가 허파로 내려가는 길이에요. 이곳을 지나면서 공기는 따뜻해져요.

기관지 기관에서 왼쪽과 오른쪽 두 갈래로 갈라져요. 끝이 나뭇가지처럼 되어 허파꽈리로 이어져요.

허파(폐) 공기 중의 산소를 받아들이고 이산화탄소는 내보내요.

가로막(횡격막) 허파는 근육이 없어서 스스로 움직이지 못해요. 가로막은 허파가 숨을 쉬도록 도와주는 일을 해요. 숨을 들이쉴 때 가로막이 내려가 허파가 커지고, 숨을 내쉴 때는 가로막이 위로 올라가 허파가 작아져요.

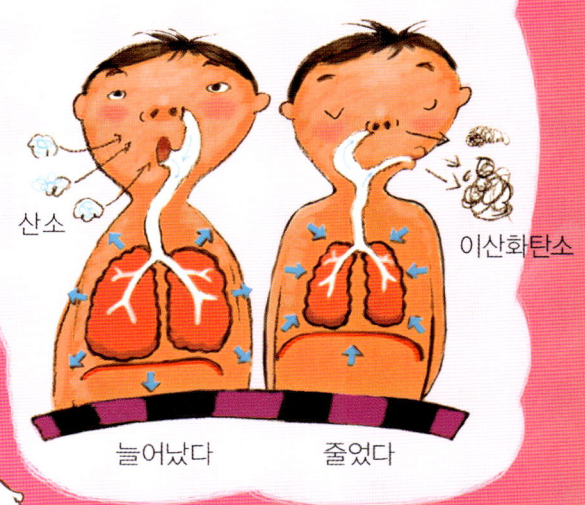

산소   이산화탄소
늘어났다   줄었다

위와 작은창자, 큰창자

맛있는 음식을 꼭꼭 씹어 꿀꺽 삼키면, 음식물은 위와 작은창자, 큰창자를 지나면서 아주 작게 부서져요. 우리 몸은 음식물에서 몸을 튼튼하게 하는 영양분을 빨아들이고, 남은 찌꺼기는 똥으로 내보낸답니다.

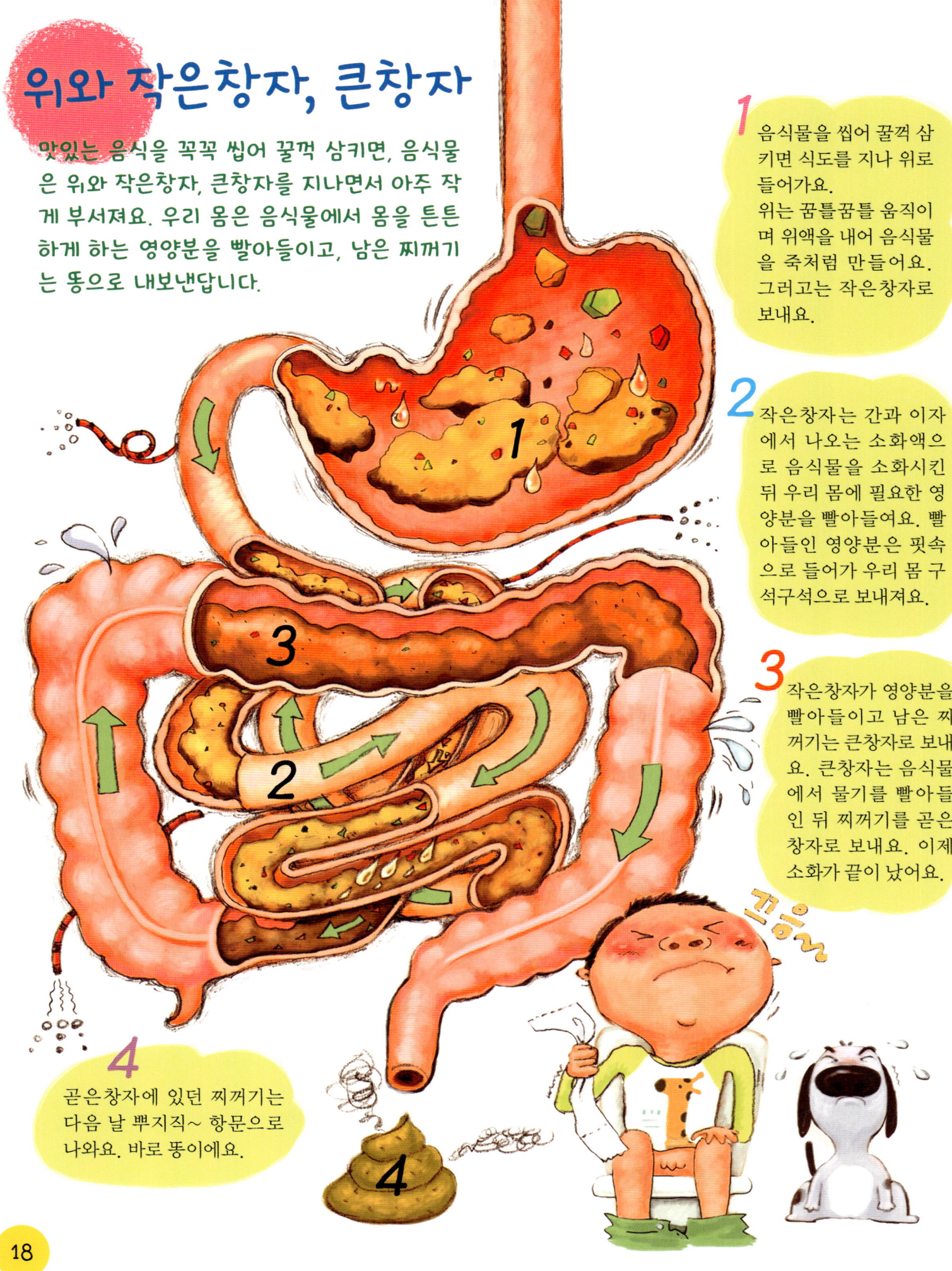

1 음식물을 씹어 꿀꺽 삼키면 식도를 지나 위로 들어가요. 위는 꿈틀꿈틀 움직이며 위액을 내어 음식물을 죽처럼 만들어요. 그리고는 작은창자로 보내요.

2 작은창자는 간과 이자에서 나오는 소화액으로 음식물을 소화시킨 뒤 우리 몸에 필요한 영양분을 빨아들여요. 빨아들인 영양분은 핏속으로 들어가 우리 몸 구석구석으로 보내져요.

3 작은창자가 영양분을 빨아들이고 남은 찌꺼기는 큰창자로 보내요. 큰창자는 음식물에서 물기를 빨아들인 뒤 찌꺼기를 곧은창자로 보내요. 이제 소화가 끝이 났어요.

4 곧은창자에 있던 찌꺼기는 다음 날 뿌지직~ 항문으로 나와요. 바로 똥이에요.

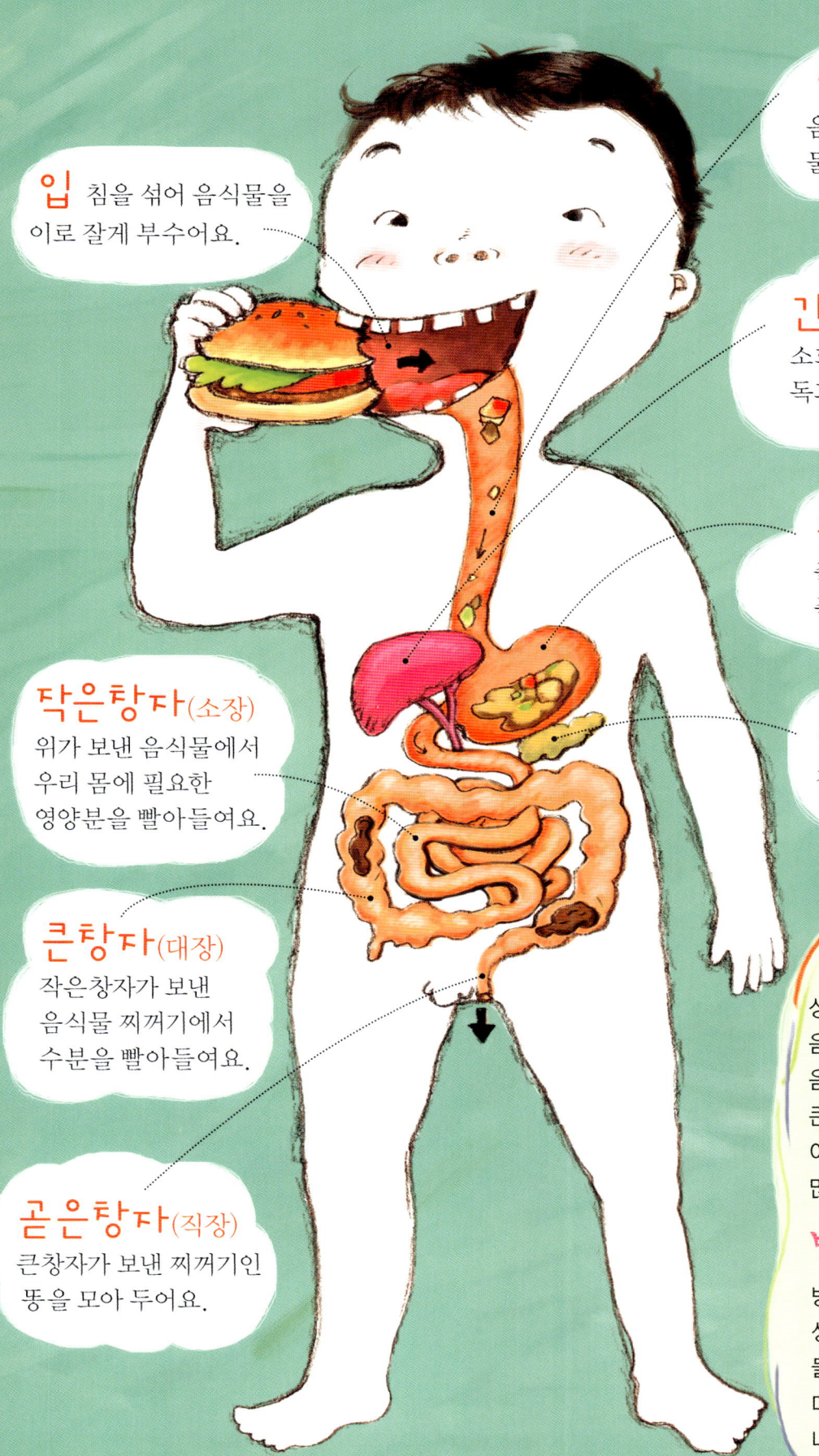

콩팥과 방광

콩팥은 강낭콩처럼 생겼어요. 핏속에서 물과 우리 몸에 필요 없는 찌꺼기들을 걸러 내는 일을 해요. 걸러 낸 찌꺼기들은 오줌통인 방광에 모여 있다가 오줌으로 나와요.

콩팥(신장) 핏속에 있는 물과 필요 없는 찌꺼기를 걸러 내요. 걸러 낸 것을 오줌이라고 해요. 콩팥은 우리 몸에 물이 모자라면 오줌을 적게 내보내고, 물이 많으면 오줌을 많이 내보내요.

방광 콩팥이 거른 오줌을 모아 두는 주머니예요. 오줌이 차면 늘어났다 오줌이 없으면 줄어들어요. 방광이 오줌으로 꽉 차면 우리는 "아이고, 오줌 마려워." 하고는 화장실로 달려가지요.

요관 콩팥이 거른 오줌은 이 길을 통해 방광으로 떨어져요.

요도 오줌이 몸 밖으로 나오는 길이에요.

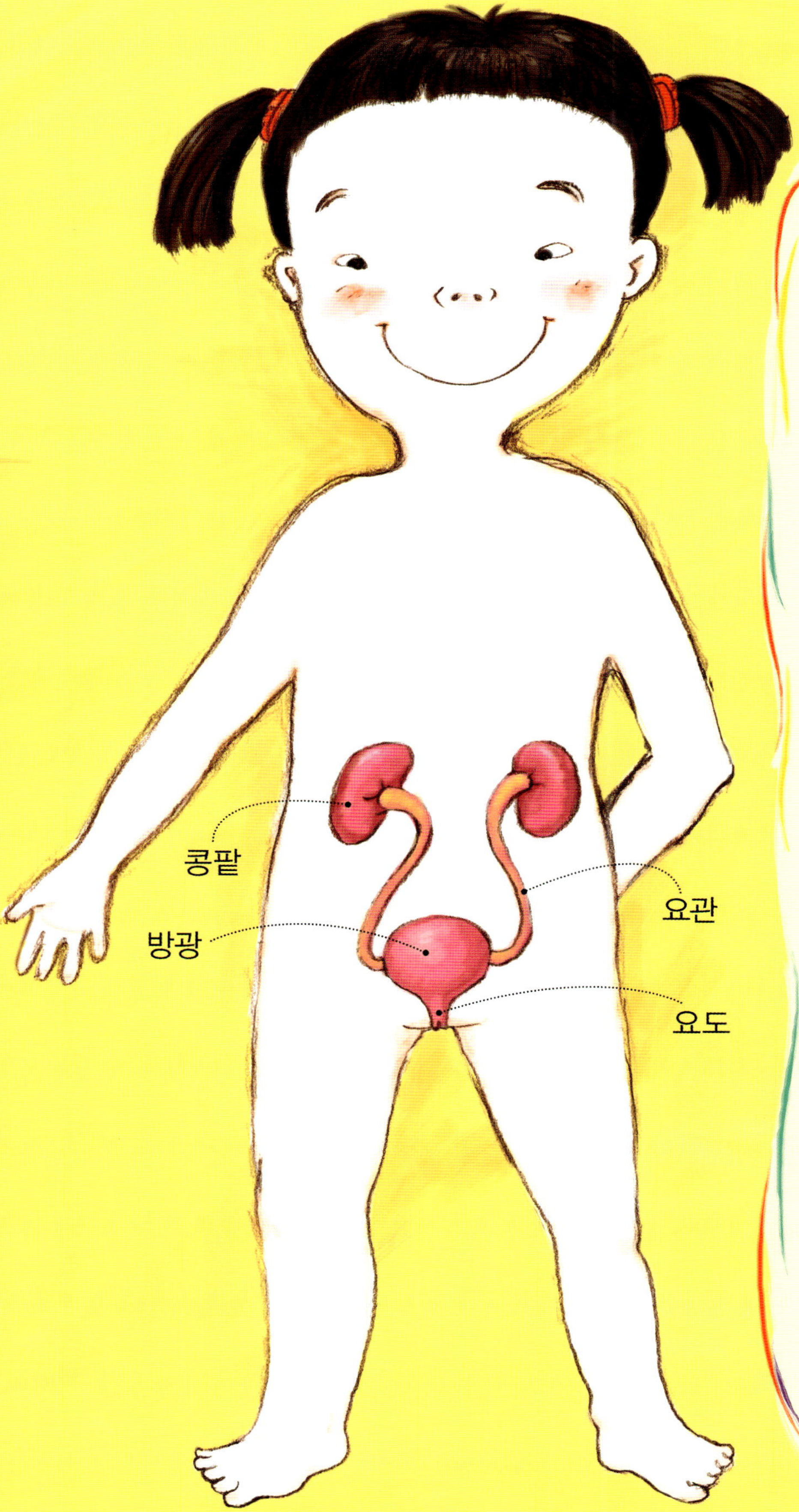

콩팥
방광
요관
요도

추우면 왜 오줌이 더 자주 마렵나요?

추우면 몸에 땀이 나지 않기 때문에 몸속에 물이 많아져요. 그러면 콩팥이 오줌을 많이 만들어 몸속 물의 양을 조절한답니다. 그래서 추우면 오줌을 자주 누게 되지요.

콩팥은 하나만 있어도 되나요?

콩팥은 하나만 있어도 돼요.
콩팥 하나가 두 몫을 해내거든요.

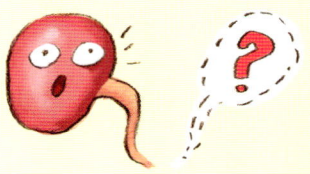

아기들은 왜 기저귀를 차나요?

아기 때는 방광이 자동으로 열려 오줌이 나와요. 하지만 두 살쯤 되면 오줌이 마려운 것을 느끼고 방광을 조절할 줄 알게 돼요. 그래서 오줌을 참았다가 눌 줄 알게 돼요.

피부와 손톱, 털

피부는 우리 몸을 덮고 있는 얇은 막이에요. 피부는 세균과 햇빛, 물이 몸 안으로 들어오지 못하게 막아 주어요. 또 몸속에 있는 물이 밖으로 나가지 못하게 해 주어요.

피부로 느껴요

피부는 차가움, 뜨거움, 간지러움, 아픔 등을 느낄 수 있어요. 또 물건을 만져서 부드러운지 거친지, 딱딱한지 말랑거리는지, 젖었는지 말랐는지, 날카로운지 무딘지 알 수 있어요.

진피 표피 바로 아래층이에요. 핏줄이 있어서 상처를 입으면 피가 나요.

털 털에 멜라닌이 많으면 검지만, 멜라닌이 전혀 없으면 하얘요.

표피 피부의 맨 위층. 죽은 피부인 각질로 되어 있어요. 각질은 떨어지면 다시 생겨요.

땀구멍 땀이 나오는 곳이에요. 표피에 있어요.

피지선 기름이 만들어지는 곳이에요. 기름은 털구멍으로 나와 피부를 촉촉하게 해 줘요.

땀샘 땀을 만드는 곳이에요. 땀은 몸 안에 있는 물을 내보내는 거예요.

지방 추위로부터 몸을 따뜻하게 지켜 주어요.

피부색은 왜 달라요?

사람들마다 피부 색깔이 다른 것은 멜라닌 때문이에요. 피부 속에 멜라닌이 많을수록 검고, 멜라닌이 적을수록 하얘요. 피부는 강한 햇볕을 받으면 피부를 보호하기 위해 멜라닌을 많이 만들어 내요. 그래서 검게 그을리게 되는 거랍니다.

손톱

손톱은 손가락과 끝의 피부를 보호하고, 물건을 잡아 놓치지 않게 해 주어요.

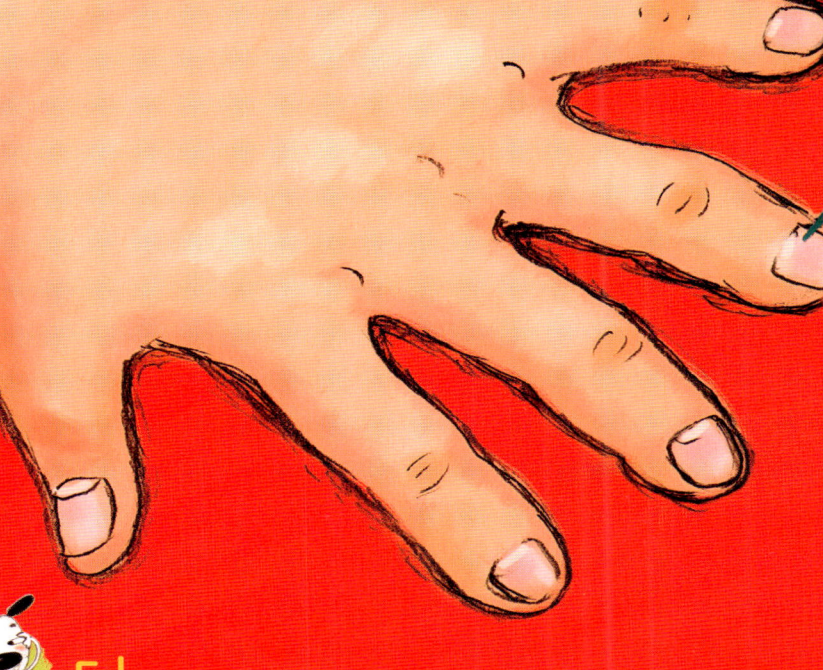

손톱은 피부의 각질이 단단하게 변해서 생긴 거예요. 신경도 혈관도 없어 자를 때 아프지 않아요. 손톱은 손가락 끝 살 속에 손톱 뿌리가 있어서 깎아도 계속 자라나요.

털

우리 몸에는 머리카락처럼 긴 털도 있고, 솜털처럼 짧고 가는 털도 있어요. 털은 피부 속에 있는 털주머니에서 자라요. 털은 빠지면 그 자리에 다시 나요.

털주머니 모양에 따라 털 모양이 달라요.

곧은 털   곱슬털   심한 곱슬

소름은 왜 돋을까요?

털이 나는 모공은 추위를 느끼거나 무서움을 느끼면 몸의 열을 내보내지 않으려 갑자기 오그라들어요. 그러면 털이 쭈뼛 서서 살이 오돌토돌해지는데, 이것을 소름이라고 해요.

때는 왜 생겨요?

피부 맨 아래층에서는 쉬지 않고 새 피부를 만들어 위로 보내요. 그러면 그전에 생긴 제일 위층의 피부는 죽은 피부인 각질이 되어 떨어져 나간답니다. 때는 각질에 땀, 기름, 먼지 등이 붙어 생기는 거예요.

지문은 왜 있나요?

손가락 끝마다 있는 빙빙 도는 가는 금을 '지문'이라고 해요. 지문은 미끄러뜨리지 않고 물건을 집을 수 있게 도와주는 거예요. 사람마다 금 모양이 다르답니다.

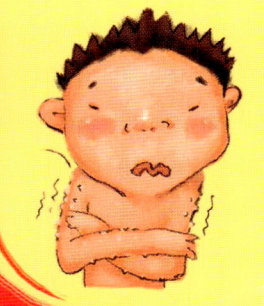

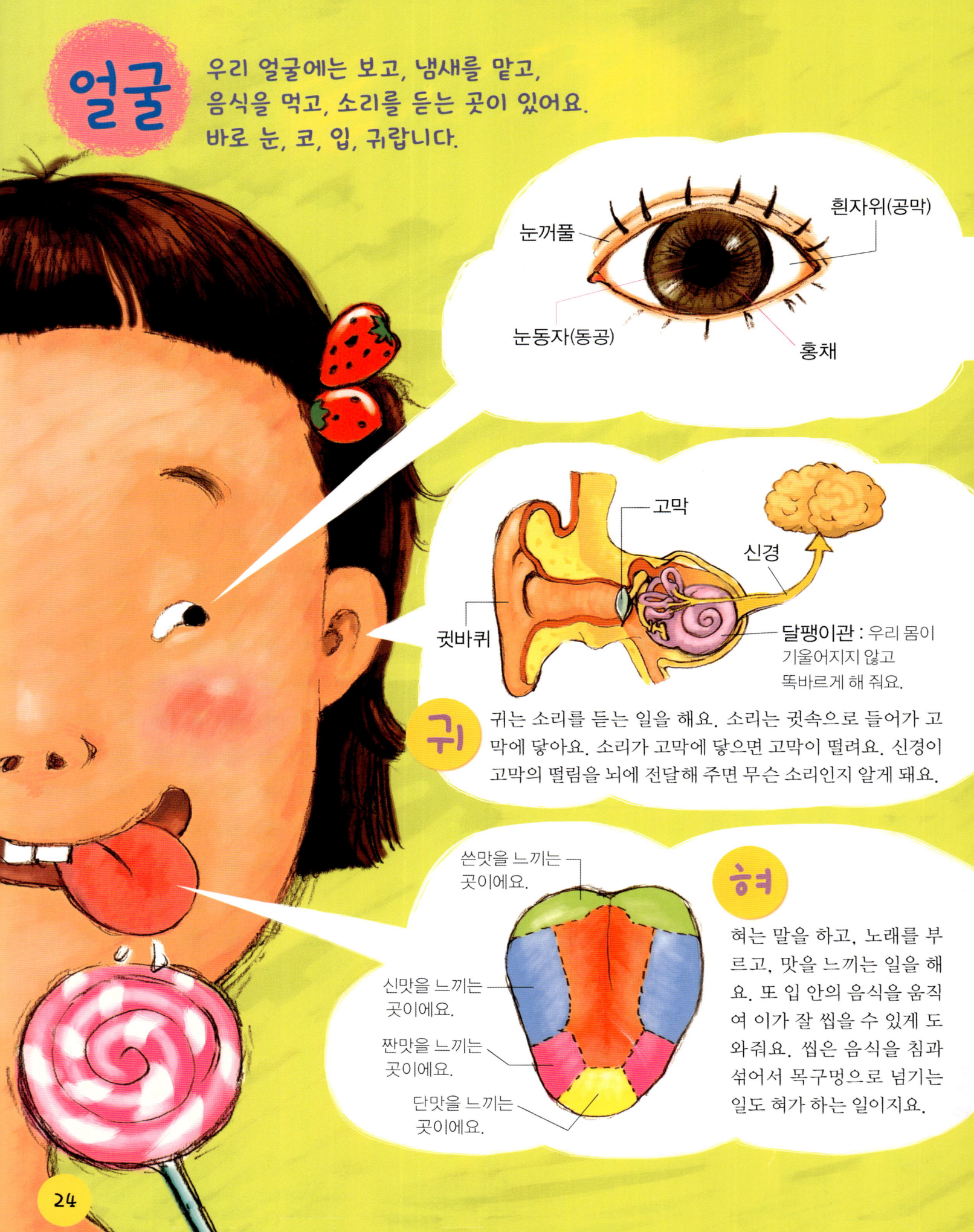

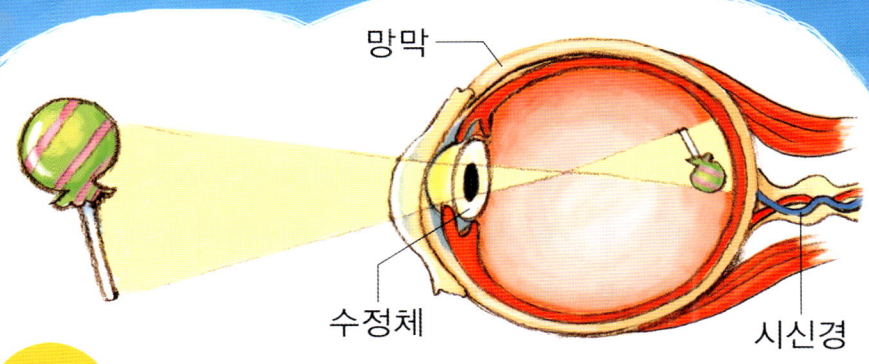

눈

눈은 보는 일을 해요. 둥근 모양으로 신경이 뇌와 연결되어 있어요. 우리가 꽃을 보면 신경이 뇌에 전달해 주어요. 그러면 뇌가 "이건 꽃이야."라고 알려 준답니다.

코

코는 숨을 쉬는 일과 냄새를 맡는 일을 해요. 숨을 쉬면 코털이 공기에 있는 먼지를 거르고 깨끗한 공기를 허파로 보내요.

콧속 벽은 늘 끈적끈적한 콧물로 촉촉해요. 콧속 벽에 냄새 알갱이가 닿으면 뇌가 무슨 냄새인지 알려 주어요.

냄새 알갱이

이

이는 음식을 씹는 일을 해요. 아기 때 난 이는 여섯 살쯤 되면 빠지기 시작해서 다시 나요. 이렇게 다시 난 이를 '간니'라고 해요. 간니는 모두 32개예요.

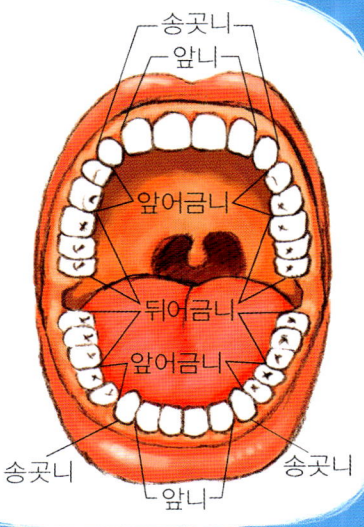

눈물은 왜 나요?

눈물은 눈 안에 있는 먼지나 세균을 씻어내 주어요. 또 눈을 촉촉하게 해서 눈이 마르지 않게 해 주어요.

코딱지는 왜 생겨요?

코딱지는 콧속의 끈적끈적한 콧물에 먼지나 세균이 달라붙어 굳어진 거예요.

귀지는 왜 생겨요?

귀지는 귓구멍 둘레에서 나오는 기름과 귓속으로 들어오는 먼지와 세균, 그리고 귓속의 죽은 피부인 각질이 뭉쳐 굳어진 거예요. 귀지는 귀 안쪽으로 벌레나 먼지가 들어가지 못하도록 막는 일을 해요.

코가 막히면 왜 맛을 느끼지 못하나요?

우리가 음식을 먹을 때는 혀와 함께 코가 냄새를 맡아야 제대로 맛을 느낄 수 있어요. 그런데 코가 막히면 냄새를 맡을 수 없기 때문에 음식의 맛을 느끼지 못하게 돼요.

충치는 왜 생겨요?

음식을 먹으면 찌꺼기가 이 사이에 끼어요. 이것을 닦지 않고 그냥 두면 세균이 생겨 이를 갉아 먹게 돼요. 사탕, 과자, 고기는 세균이 제일 좋아하는 음식이므로 먹고 나면 꼭 이를 닦아야 해요.

생식 기관

생식 기관은 아기 만드는 일을 하는 곳이에요. 생김새는 남자와 여자가 서로 달라요.

정자
올챙이처럼 생겼어요. 꼬리를 흔들며 난자에 헤엄쳐 가요.

음경 여자의 질 안에 넣어 정자를 내보내요.

정관 고환에서 만들어진 정자가 음경으로 나오는 길이에요.

고환 정자를 만드는 곳이에요. 동그랗게 생겼으며, 두 개예요.

음낭 고환이 들어 있는 주머니예요.

정자가 나올 때 소변도 함께 나오나요?

남자의 음경은 정자도 나오지만 오줌도 나오는 곳이에요. 정자가 나올 때는 방광 입구가 꽉 닫히기 때문에 오줌은 나오지 않아요.

정자와 난자

아기를 만들려면 정자와 난자가 만나 합쳐져야 해요. 정자는 남자의 고환에서 생기고, 난자는 여자의 난소에서 생겨요. 정자와 난자는 여자와 남자 모두 사춘기가 되어야 생겨요.

난자

동그란 알이에요.

자궁 아기집이에요. 이곳에서 아기가 자라요.

난소 한 달에 한 번씩 한 개의 난자를 만들어요.

나팔관 정자가 난자와 만나는 곳이에요.

질 남자의 음경이 들어오는 곳이에요.

아기가 생겼어요

엄마와 아빠가 서로 사랑을 하면 아기를 만들어요.
아기는 아빠의 정자와 엄마의 난자가 만나면 생겨요.
아빠의 정자와 엄마의 난자가 만난 것을 '수정란'이라고 해요.
수정란은 엄마의 자궁에서 조금씩 아기 모습을 갖추며 자라요.

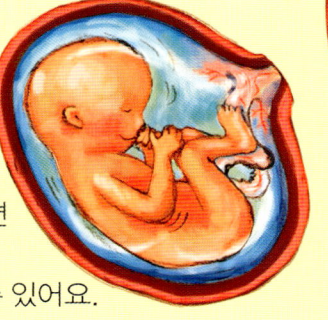
네 달이 되면 양수 속에서 운동을 할 수 있어요.

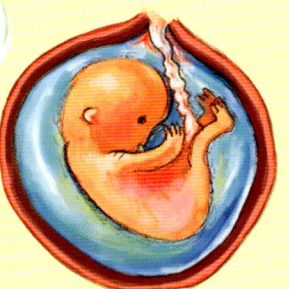
세 달이 되면 남자인지 여자인지 정해져요.

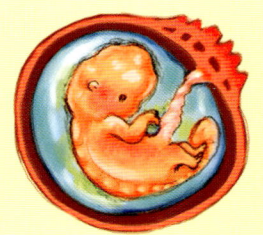
두 달이 되면 눈, 코, 입, 귀, 손가락, 발가락이 생겨 사람의 모습을 갖추어요.

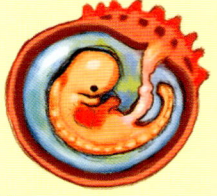
한 달이 되면 심장이 뛰기 시작해요.

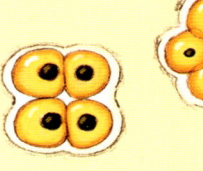
두 개로 나누어진 수정란은 네 개로 나누어졌다가 여덟 개로 나누어져요. 수정된 지 삼일이 되면 수정란은 열여섯 개로 나누어져요.

수정란이 두 개로 나누어져요.

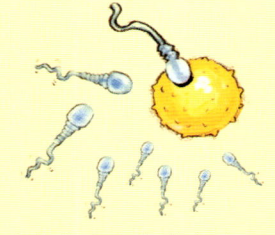
하나의 정자가 난자 안으로 들어가면 다른 정자는 들어가지 못해요.

다섯 달이 되면 엄마 배를 발로 차요.

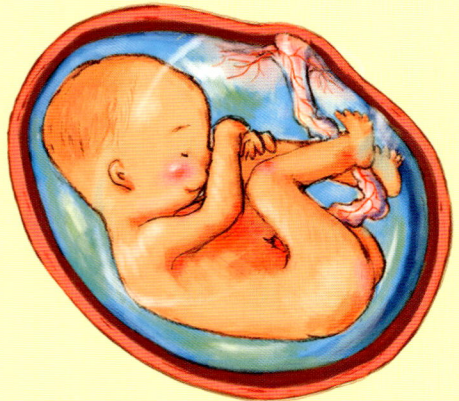
여섯 달이 되면 눈썹과 속눈썹이 자라나요.

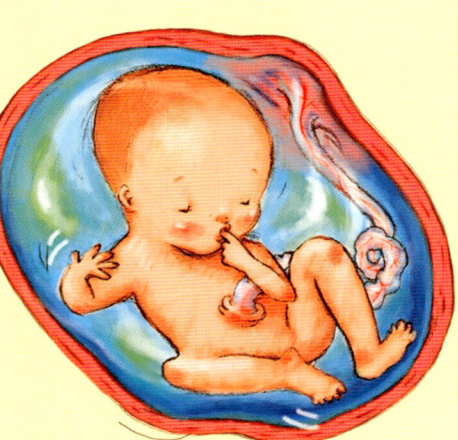
일곱 달이 되면 몸을 움직여 방향을 바꿀 수 있어요.

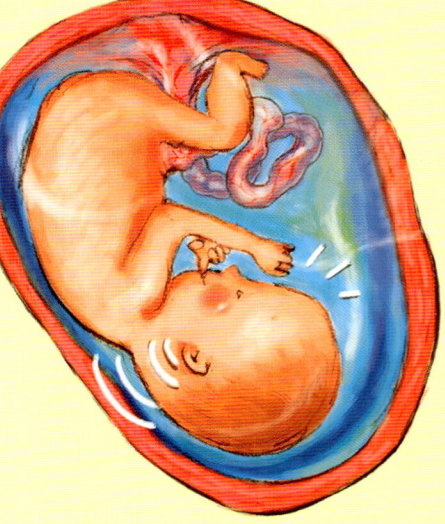
여덟 달이 되면 머리는 아래로, 엉덩이는 위로 자세를 바꾸어요. 소리를 듣고 반응을 해요.

태반 아기는 태반을 통하여 엄마로부터 영양분을 공급받고 노폐물을 배출해요.

탯줄 아기와 태반을 연결하는 줄이에요.

배꼽은 왜 있나요?

아기는 엄마 뱃속에 있을 때 탯줄로 엄마에게서 영양분과 산소를 전해 받아요. 하지만 세상에 태어나면 탯줄은 더 이상 필요 없게 되어 잘라 버리지요. 배꼽은 바로 탯줄을 잘라 낸 자리랍니다.

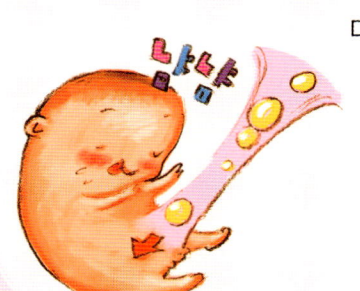

자궁 아기가 사는 주머니예요.

양수 아기가 사는 주머니에 가득 차 있는 물이에요. 아기를 충격으로부터 보호해 주어요.

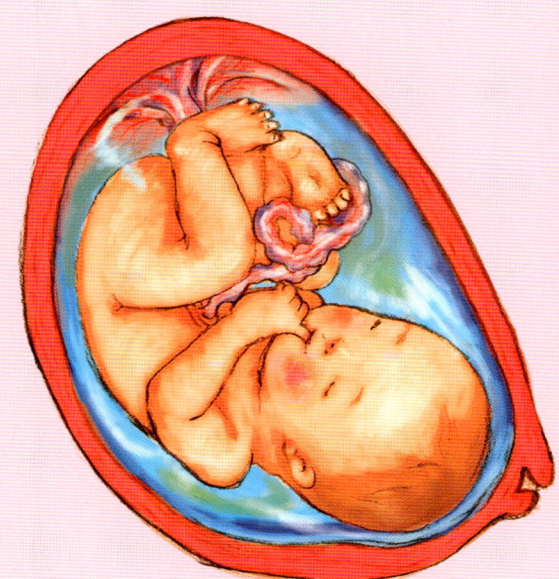

아홉 달이 되면 외형상 발육이 완성되어요.

열 달이 되면 자궁이 열리고 양수가 터져요. 자궁은 아기를 밖으로 밀어내요.

쌍둥이는 어떻게 생겨요?

쌍둥이는 일란성 쌍둥이와 이란성 쌍둥이가 있어요.

일란성 쌍둥이 하나의 정자와 만난 하나의 난자가 두 개로 갈라져서 생겨요. 일란성 쌍둥이는 생김새와 성격이 서로 닮아 구별하기 힘들어요.

이란성 쌍둥이 난자가 처음부터 두 개여서 정자가 각각 하나씩 수정되어 생겨요. 이란성 쌍둥이는 생김새도 성격도 다르고, 성별도 다를 수 있어요.

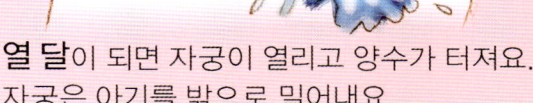

자궁 안에서 자라요

아기는 엄마의 자궁에서 무럭무럭 자라요. 처음에는 작은 알이었지만 점점 사람의 모습을 갖추어 가지요. 자라는 데 필요한 영양분은 엄마에게서 받아요. 아기는 탯줄로 엄마와 연결되어 있어요. 탯줄은 자궁 벽에 있는 태반에 닿아 있지요. 태반은 엄마의 몸에 있는 산소와 영양분을 탯줄을 통해 아기의 핏속에 전해 주어요.

알쏭달쏭 우리 몸

눈물은 왜 짠가요?
눈물 속에는 약간의 소금이 들어 있어요. 그래서 짠맛이 느껴지는 거예요.

겨울이면 왜 입김이 나올까요?
우리가 내쉬는 숨에는 눈에는 보이지 않지만 아주 작은 물방울이 들어 있어요. 이 물방울은 따뜻한 몸속에서 나와 찬 공기를 만나면 순간 얼게 돼요. 그래서 겨울이면 하얀 입김이 나오는 거예요.

운동을 하고 나면 왜 목이 말라요?
우리 몸속에는 아주 조금 소금이 들어 있어요. 그런데 운동을 하면 몸속에 있던 물이 땀으로 빠져나가 몸속은 물보다 소금이 더 많게 돼요. 그러면 뇌는 목이 마르다는 신호를 보내 물을 마시게 해요. 물과 소금이 균형을 이루도록 하기 위한 것이지요.

음식을 많이 먹으면 왜 소화가 안 되나요?
소화가 잘 되려면 위벽이 활발히 움직여서 음식물을 주물러야 해요. 그런데 위 주머니가 꽉 차도록 많이 먹으면 위가 음식을 주무르는 데 힘이 들어 잘 움직이지를 못해요. 그래서 소화가 안 되는 것이랍니다.

음식만 봐도 왜 침이 고여요?
음식을 먹지 않았는데도 침이 고이는 것은 음식을 먹을 때 혀와 눈이 받았던 자극을 뇌가 다시 기억해 내기 때문이에요. 딸기를 먹었을 때 새콤달콤했던 맛을 뇌가 기억하고는, 실제로 먹지 않았는데도 침을 내보내는 것이지요.